JN437951

천년의 한, 그리고 사랑

천년의 한, 그리고 사랑

김지열 제2시집

을지출판공사

동우님들의 따뜻한 마음을 길이 간직…

시상이 떠오를 때마다 습작하기를 10여 년의 세월이 지난, 2002년 2월에 서정시 제1집을 상재하면서 수많은 은하계의 별들이 흘러갔나 봅니다.

필자는 핵(원자력)을 이용한 인간의 건강검진 분야에 몸 바쳐온 40여 년의 시공 속에 늦은 밤 실험실에서 별빛을 바라보면서 떠오르는 시상을 기록해 둔 것을 모아서 정년퇴임 기념을 겸해서 출판하였는데……

그 후 6년이란 세월이 흘러가는 구름 따라 간 곳이 멈추면 그때마다 몇 자의 시상을 적어둔 것이 어언 50여 편이 되었습니다.

또 한편으로 세계시문학연구회 김정웅 회장의 지도편달로 종합문예잡지 월간 〈문예사조〉에 시 「천년의 한 그리고 사랑」 외 2편이 신인상에 당선되어 2007년 10월호에 발표되고 시인으로 추천되어 그 영광을 안게 되었습니다.

이제 얼마 남지 않은 인생의 길을 가다드리며 제2집 시집을 출판하게 되었습니다.

그동안 지도하여 주시고 격려를 마다하시지 않으신 김계윤 박사(김정형외과 원장) 님과 김정웅 회장님 그리고 백야문학회 김일례, 김원자 시인 동우님들, 길문학회 김정태, 강성남, 유영선 시인 등등 동우님들의 따뜻한 마음을 길이 간직하면서 제2집 발간의 변을 드립니다.

인생에 시가 없다면
그 길은 너무나도 험준하고
달빛도 별빛도 없는
그 어두운 산속 외길을
허덕이며 가는 것이 아닐까?

2008년 4월

의학박사 陽奎 金志烈 교수 드림

차 례

제 2 부 천년의 한, 그리고 사랑

제 3 부 소라의 소망

제 4 부 꽃 잎새에 숨겨진 사랑

제 5 부 이, 긴 밤을…

제 1 부

바람 타고 가시는 그대

아지랑이 사이를
타고 오는 봄바람
구름 물결 타고 가고 있네
행여 뒤돌아볼까
새 가슴 조이며 기다린다.

임 오시는 숨결

소리 없이 살며시 스미는 숨결
임 오시는 소리인가……
기다리다 지친 영혼의 빛
새하얀 긴 밤을
사랑의 신음 따라
두 손 모아 기다린다.

그대 오시는 숨결
산자락 아지랑이에 잠겨
행여
임 기다리는 촛불인 양
긴 여정의 행로를
소리 없이 날아가는
외기러기……
보내오는 숨결, 이 밤도
깊어만 간다.

그리움

연초록 빛속에
임의 그림자 스쳐 간다.
그리운 임!
오늘도 임 그리며
석양을 맞이한다.

보일 듯 말 듯 한 안개 속에
임의 모습 아롱거린다.
그대를 기다리는 세월
존금의 시각 속에
이 밤이 깊어 간다.

바람 타고 가시는 그대

아지랑이 사이를
타고 오는 봄바람
구름 물결 타고 가고 있네
행여 뒤돌아볼까
새 가슴 조이며 기다린다.

새하얀 진달래꽃 사이를
살며시 스치는 봄바람
아지랑이 타고 가고 있네
가시는 임, 뒤돌아볼까
하얀 마음 안고 기다리고 있다.
오늘도 내일도……

아지랑이 머문 연꽃

아지랑이 아물거리는
연못가에 홀연히 피어 있는
연꽃 한 송이……
그립다 지친 나그네의 넋인가!

곱게 피어오르는
아지랑이 속에
그렇게도 의연한
연꽃 한 송이
임 오시는 소리 기다리는가!
넋 잃은 나그네의 영혼이
너를 반기고 있다.

구름 속에 달 가듯이

먼 발치에
임의 그림자 아롱거린다
구름 속에 달 가듯이
임의 모습 멀어져 간다.

아물거리는 임의
모습……
구름 속에 달 가듯이
스쳐 가며
날 찾아오나 봐

가는 곳은 뉘 품 안인가

꿈꾸다 가는 곳은 어디인가
저 푸른 하늘
춤추는 기러기인가
무한한 하늘의 고향
꿈속에 허덕이는
내 영혼!
가는 곳은 뉘 품 안인가

뒤돌아보니
아득한 지평선 너머에
누군가 나를 부른 것 같다.
그곳이 에덴의 동쪽일까……

긴 여름밤 지새우고

밤안개에 감춘 사랑
피어오르는 꿈 사이로
멈추다 숨 쉬며
목마른 사랑이
이 긴 밤을
새하얀 눈새로 지새운다

하얀 연기 미풍에 춤추며
살포시 미소 짓는 사랑
맴돌다 맴돌다
잊지 못해 되돌아보며
이 긴 여름밤을 지새운다

붉은 매화꽃

가지 가지마다
붉게 멍든 꽃잎은
지난 엄동설한의
한인가!

얼마나 고뇌에 찬
붉은 사랑의 미소
잎새마다 멍들었나

지나가는 노랑나비
방긋 웃으며
너를 반기는데
너는 사랑의 꿈 안고
방긋이 웃고 있구나

봄 비

진달래꽃 향기 속에
명주실 같은 봄비가
소리 없이 내리고 있다.
긴 겨울밤을 떠나보내고……

보일 듯 말 듯 한
겉 얇은 실안개 속으로
사랑의 미소를 머금고!
함초롬히 피어 있는
진달래 꽃잎새에
눈물인 양 머물러 있네
잊혀진 사랑의 미소가……

봄이 오는 소리

봄!
여기 봄이 오는 소리
꽁꽁 얼어붙은 계곡에
흐르는 물소리
소나타인 양
산마루 넘어 간다

봄!
개나리 꽃 향기
살포시 젖은 미소 머금은 채
봄바람 타고
산등성이를
한 걸음 두 걸음 걸어가는 듯
차창 밖에 피어오르고 있다.

보슬비에 우산

영산홍 꽃잎새 따라
보슬비가 소리 없이 내린다.
우산을 쓰고 가는
연인의 속삭임이
보슬비에 감추어진다.

소리 없이 내리는 보슬비 맞으며
영산홍 꽃길 따라……
우산 속에 속삭이는
여인들의 미소가
어두운 밤하늘에 스며든다.

창밖에 빗물이

창밖에 빗물이
네 두 눈에 흐르고 있다.
뜨거운 열정을
태우다 못해
한없는 강을 헤매는가

창밖에 빗물이
네 심장에 젖고 있다.
불타는 사랑의 박동에
물결 타고 가는
사랑의 천사
밤하늘에 한없이 가고 있다.

제 2 부

천년의 한, 그리고 사랑

천관산 기슭
탐진강에 목욕하던
하늘의 천사 사랑에 빠졌네
못 이룬 사랑
천년의 한을 품고
전라의 몸을 맞대고
말없이 오솔길에 앉아 있네

하늘의 천사

하늘의 천사가
하얀 꽃잎을 입에 물고
스르르 내려오고 있다

이 땅의 사랑과 고뇌를
하얀 옷깃으로 감싸주고
머나먼 옛길을 찾아간다

하늘에 천사가
하얀 꽃잎을 뿌리고 온다
못 이룬 사랑의 향기를
다소곳이 감싸주면서……

웅비하는 고인돌

하늘 상제의 금관이
지상으로 내려와
천관산 위에 옥관을 씌우니
이를 경외하는 무리들
고인돌을 하늘로 날려 보내려
웅비하는 자세가 숨쉬고
천년을 기다리고 있다.

수억 년의 신화 속에
그들은 천상을 그리워
고인돌을 하늘에 띄우려
모여모여 기도하고……
그 큰 바위를 하늘로 날려 보내려
수천 년을 기도하고
지금도 그 소리
천관산에 메아리치고 있다.

홀로 서 있는 천년의 학

구만리 먼 걸음에
지쳐버린 너의 넋은
고고한 사랑의 미소다.

다리 하나 하늘에 걸쳐 놓고
떠나간 임을 그리는 듯
먼 하늘에 눈을 맞추고
외롭게 홀로 서서 있다.

백일홍

하늘의 붉은 태양
온몸을 불태우는
숨 막히는 곳에
백일홍!
너는 내 영혼을 불태우는가
붉은 꽃잎이 너의 미소를
감싸주고 있다.

대지는 타오르는 정열에
구슬땀을 적시며
길 가는 나그네의 영혼을 달래고
그 뜨거운 붉은 입술은
사랑하는 이의 볼에 입 맞추며
으스스 스며드는 찬 바람에
너의 붉은 영혼은
태어난 곳으로 향하고 있다.

천년의 한, 그리고 사랑

천관산 기슭
탐진강에 목욕하던
하늘의 천사 사랑에 빠졌네
못 이룬 사랑
천년의 한을 품고
전라의 몸을 맞대고
말없이 오솔길에 앉아 있네

하늘 상제의 외동딸
어쩌다 속세와 인연 맺어
이루지 못할 사랑의 불길
그 한의 눈물
탐진강을 이루었나
천년의 한, 그리고 사랑
속세의 숨길 속에 온몸 불태우고
그 사랑,
지금도 불타고 앉아 있다.

탐진강 물속의 잔영

해 질 무렵
탐진강 물에 천관산의 옥관이
소리 없이 띄우고 있다
마치 이곳이 천상인 양

붉은 해는
지난날의 타오른 열기 속에
천상의 여인과 사랑하다
지상으로 쫓겨나
탐진강 물속에 잠들고 있다.

천상의 왕자 낙원에

천상의 왕자
한 마리 학으로
하얀 안개구름 타고
이 땅에 내려오셨나
백옥 같은 나래짓은
하늘 궁전을 꿈꾸는 것 같다

새하얀 나래의 운무는
왕자님의 영혼 속에
천상에 못 이룬 사랑 찾아
허기진 나래를 펴들고
꿈을 너울거린 것 같다

심장의 고동 소리
임 찾아 안개를 따라 간다.

새벽의 태양

창밖의 찬란한
햇빛 사이로
눈안개 찾아오는
아침이 열린다.
가는 길
뒤돌아보는 나그네인 양

밝아오는 태양
그 찬미 속에
인생의 길을
더듬어 갈 수 있는 것은
신이 인간에게 준
사랑의 선물

자줏빛 목련꽃

살을 에이는 찬 바람 속에
그 아름다운 자태를
자줏빛 머금고 피었구나

가슴 아리는 슬픔을
너는 조용히 미소 짓고
멍든 마음을 가득 안고
곱게 피어 있구나

못다 한 사랑의 영혼
메마른 세속에 담겨
몸부림치다 지친
너의 붉은 영혼이여

난(蘭) 향기에 사랑이

명주실 같은 난 향기
가슴에 안고 사라져 가고
보일 듯한 형상
아지랑이에 묻혀
그 향기, 사랑을 속삭이네
이 한밤의 사랑을 숨쉬네

오는 듯 말 듯 한 난 향기
그리움 가득 품어오고
타는 가슴 못내 아쉬워
사랑의 미소가
향기 속에 묻혀 있다

세 마리의 학이

묻 건너 저쪽 바닷길
세 마리 학이
운무를 하며
나란히 날다
가다가 지치면
함초롬히 내려 쉬어간다.

영롱한 저녁 노을
세 마리 학이
나래짓 곱게 하며
저 건너편 바닷길에
나래를 접고
그 천사의 미소를 남기고 있다.

은하계에서 오는 소리

검은
움막을 가득 채운 이 밤
한순간의 정열을 불태우고
사라져 가는
사랑의 손짓……
깊은 밤,
고이 잠든 은하계에서
그대를 부르는 소리가 있다.

연보랏빛,
은별들의 합창
그리운 임의 영혼인가
오다가 멈추고 또다시 들리는
긴 한숨 소리!
불태운 사랑의 은빛
임 찾는 여운의 미소가
아득히 들려온다.

제 3 부

소라의 소망

썰물의 앙상한 모습에
소라의 소망이
하나 둘 스러져 가
그리운 임의 미소가
소리 없이 잠들고 있다

초여름밤의 꿈

황금빛 저녁노을에
아스라이 움틀거리는
유달산 기슭
노적봉에 선녀가 춤춘다.

하얀 안개 속에
그 임의 그림자 춤춘다
노적봉이 마치 고향인 것처럼
그 임은 한 발자국 한 발자국
날 찾아오는 것 같다.

별빛 잠드는 밤에

회색 장막에 감추어진
별빛마저 잠드는 이 밤에
하나의 유성이
이 밤을 가르고 있다
어느네 사랑의 영혼인가!

검푸른 장막이 깃든 밤
별빛은 고요하고
적막의 연주 속에
하늘 가르는, 저 유성
누구의 사랑혼을
싣고서 흐르는가……

수줍은 달맞이꽃

얼마나 그리운 임인가!
쳐다보지 못하고
살포시 고개 숙여
수줍은 미소를 듬뿍 안고
함초롬히 피어 있다.

사랑의 넋을
다 말 못하고
부끄러운 자세로
수줍은 미소 머금은 채
외로이 피어 있다.

안개 속에 잠긴 진달래

이름 모를 가파른 산등성이에
안개에 묻힌 진달래꽃
임 그리워 지치다 못해
너의 넋을 감추려고 하는가

아침 이슬에 입 맞추고
그리운 임 그리다
흘린 눈물방울인 양
너의 영혼을 불태우고
안개 속에 잠겨 있다.

소라의 소망

밀려오는 밀물 따라
들리는 소라의 합창이
아득히 사라지는 듯
내 귀를 스쳐 간다

밀물과 썰물 사이에
소라의 소망이 떠오르고
아득한 사랑의 찬미가
숨죽이며 흐른다

썰물의 앙상한 모습에
소라의 소망이
하나 둘 스러져 가
그리운 임의 미소가
소리 없이 잠들고 있다

흔들리는 차창 속으로

아스라이 움터 오르는
아지랑이 물결 속에
지난날의 가슴 아픈 추억이
흔들리며
차창 밖에 피어오르고 있다.

나그네의 뒤안길에 묻힌
사랑의 상처 안고
흘러간 무수한 꿈들……

흔들리는 차창 밖에
스치며 사라져 간다.

청보리밭 길

바람결 타고 가는
청보리의 허리가 휘어진다.
무리무리 짓는 보리 머리는
허기진 배를 사랑하려나

물결치는 청보리밭 사이로
사랑의 협주곡 지나간다.
끊겼다 다시 흐르는
사랑의 미소가
아스라이 춤추며 사라진다.

뚝뚝 떨어진
검붉은 동백꽃 잎새는
기다리다 지친 임의 영가인가

금빛 물결 위에

잔잔히 흐트러지며
반짝이는 금빛을 삼키고
감아 도는 물결은
나그네의 마음
때마침
한 쌍의 두루미가 드높이 날아간다.

금빛 물결을 타고 가는
바람 소리
그리운 임 발자국
한 걸음 두 걸음 다가오고
이름 모를 물새 한 쌍이 떠돈다.

푸른 바다에 하얀꽃

해맑다 못해 코발트빛 물위에
점점이 모여
새하얀 꽃잎이 둥둥 떠 있다.

이름 모를 갈매기 하나
창공에 솟구치며
바람을 안고 간다.

오시려는 임
기다리는 꽃잎의 미소가
일렁이는 파도에 묻혀 있다.

나비는 매화꽃을 스치며

매화나무에
흰 눈싸라기가 가득한데
하얀나비 보일 듯 말 듯
사랑의 미소를 뿌리며 지나간다

하얀 눈꽃에 싸여
온 세상이
더없이 새하얀데
노랑나비 한 마리
손짓하며 사랑을 보낸다

하얀 목련

새하얀 목련이 움트려나
간밤에 함박눈이 가득하다.

가지 가지마다 움튼
새하얀 꽃망울
갓 피어난 소녀의 입술인 양
천사의 미소를 흠뻑 머금는다.

가지 가지마다 움튼
새하얀 목련
오시려는 임 기다리다 지친
기나긴 겨울을 여위고,
임 그리워 새하얀 밤을 지새운
상처난 잎
하나 둘 내리고 있다.

노랑 낙엽 한 송이

노랑 낙엽이
춤추는 듯 흘러내리고 있다
찬 이슬, 젖은 땅에
그 고운 입술로 입 맞추며……

노랑나비가
스르르 춤추며 내려오는 듯
사랑에 지친, 무거운
두 날개를 살포시 접고
서리 젖은 잔디에 입술을 포갠다

제 4 부

꽃 잎새에 숨겨진 사랑

계절의 역류!
노란 국화 한 송이 곱게 피어나
숨통 막힌, 한여름밤
무더위에 사랑이 숨 쉰다.

영혼소리 스며드는 선운사

만년의 동백잎 자락에
붉은 영혼!
가득한 입술을
뉘, 기다리는 긴 한숨 소리
아득히 스며든다

밤하늘에 가득한 은모래
속삭이는 소리
아스라이 내려 온다

그리운 임!
기다리다 못해
이 한밤을 가르며
그대 몸 불태우고
소리 없이 사라져 간다

선운사의 동백꽃

선운사의 뒷마당에
붉고 검은 동백꽃이
옹기종기 모여 웃고 있다
산사의 저녁노을을 찬양하며

뚝뚝 떨어진
검붉은 동백 꽃잎은
기다리다 지친 임의 영가인가
가는 길이 천 리인데
나그네의 걸음 허기진다.

동백꽃 사랑

그 기나긴 시간 속에
너는 검붉은 가슴 안고
임 기다리다
검은 꽃잎 새로 피었나!
임의 침묵
언제나 너를 사랑한다고
늘 그렇게 미소 지으며
너를 그리워하고
영겁의 햇살 맞으며
나!
너를 이렇게 기다렸나 보다.

멈춘 곳에 동백꽃이

영하의 설한에
멍든 사랑의 혼
붉다 못해 검게 물들은
임 그리운 영원의 넋이다.

초라히 땅 위에 누워
지나가는 사람의 넋을 울리고
사랑의 혼이 다 타버린
해진 꽃잎만 남아 있다.

꽃 잎새에 숨겨진 사랑

꽃 잎새 사이로
짙은 향기의 안개가 오른다.

늦가을, 된서리에
꽃향기 녹아내리고 있다.

계절의 역류!
노란 국화 한 송이 곱게 피어나
숨통 막힌, 한여름밤
무더위에 사랑이 숨 쉰다.

여린 꽃 잎새에
흐르다 멈춘 이슬
순정인 양
피어나는 사랑의 아픔
설한의 눈꽃에 멈추고 있다.

노을에 뜬 갈매기

황금빛 노을 녘에
춤추는 갈매기 하나
스쳐 간 사랑의 여운
아직도 그 가슴에 숨 쉰다.

하늘과 바다가 노을에 젖어
사랑에 목마른 곳
아스라이 날아가는
갈매기 한 마리……
살얼음, 가슴에 파고든 사랑이
지금도 숨 쉬고 있다.

가랑잎에 맺힌 이슬

아!
향기로운 사랑의 봄
저 멀리 아지랑이 타고 가고
남은 건
가랑잎에 맺힌 이슬뿐

용광로처럼 달구어진
태양이 솟아오르면
가랑잎에 맺힌 이슬마저
사라져 버리고
메마른 가슴만
길가에 누워 있다.

발끝에 머문 한 송이 낙엽

하늬바람결에 멍든 사랑
붉다 못해 검게 타오르고
지난 여름밤 용광로 속에
이 한 몸 다 바쳐……
사랑은 길을 걸어갔습니다.

살을 에는 겨울바람에
상처 난 가슴 부여안고
서릿발에 누워 있네
지나가는 길손의 발끝에
입 맞추고,
못다 한 사랑의 행로
아쉬움에 아롱거리며
긴 한숨 가득 품고 있습니다.

춤추는 단풍잎새

샛노란 단풍잎새 하나
거미줄에 목매달고
가을바람 스스럼이 타고
천년의 학인 양 춤춘다

산사의 처마 밑에 걸린
샛노란 단풍잎새 하나
거미줄 풀어 타고
천상으로 가려고 하나
천년의 학처럼
나래를 펴고 춤춘다

저녁노을에 젖은 작은 섬

붉다 못해 검붉게 타오르는
저녁노을에 젖은 저 작은 섬
긴 여울을 안고 간다.
뜨거운 사랑의 입맞춤
고이 간직하면서……

검붉은 파도에 잠든
작은 돛단배에 몸 실어
기나긴 행로를 찾아
외롭게 움츠리는 산사
그곳에 사랑이 멈춘다

눈싸라기 꽃

청순한 사랑의 교향곡
보일 듯 말 듯
아지랑이 사랑인가
해맑은 하늘에 가득하다.

사랑의 향기 가득한
눈싸라기 꽃망울이
아침 이슬에 젖어 들고
한 송이 두 송이 춤추며 내려온다.

제 5 부

이, 긴 밤을…

이 기나긴 밤에
고뇌와 아린 영혼에
누구인가 손짓하며
사랑의 길을 찾으려 간다

겨울 바다

새하얀 물거품이
벌거벗은 붉은 다리 사이로
넘실거리고 있다.

흰 갈매기 날갯짓 하며
시리디시린 다리를 움켜쥐고 있다.

하얀 물거품 너머에는
쪽빛 바닷물이 가득 모이고
그 위를 날개 치는 흰 갈매기
새안의 뒤안길을
오늘도 내일도 춤추고 있다.

낙엽에 남긴 외발자국

오솔길 따라
모여모여 누워 있는
낙엽송이 위에
뉘의 외발자국이
오솔길 따라 간다.

초라한 발자국
끝없는 이 오솔길에
세파에 지친 나그네의
긴 여정이
무심히 지나간다.

섬진강

저녁노을
흠뻑 젖은 섬진강 물줄기
찬란한 별빛을 감싸고
굽이굽이 넘치고
너는 어드메 흐르는가

은빛 구슬
눈부시게 타오르고
길손의 심장을
너는 휘감고
서쪽에서 동으로
속삭인 숨소리 남기고 간다.

겨울 안개

희미한 겨울 안개
소리 없이 피어오르고
명주실 같은
임의 그림자
다가가면 임이 더 멀어져 있다.

겨울 안개 가득한
밭고랑 사이사이로
손짓하는 임의 미소
한순간 멈추어 버린
심장의 고동 소리
임 찾아 안개를 따라 간다.

이 긴 밤을……

어둠의 장막이
그물에 묻혀 있다
아무것도 보이지 않는 이 어둠
떠오른 햇살에 녹아내린다

이 기나긴 밤에
고뇌와 아린 영혼에
누구인가 손짓하며
사랑의 길을 찾으려 간다

텅 빈 들판 이름 모를
풀 잎새에 맺힌 이슬이
이 한밤에 잉태할 때
누구인가 미소 지으며
기나긴 사랑의 미로를
찾아가려 한다

서산에 걸친 노을

서산 한 기슭에
붉게 물들어 떠 있는 해는
못다 한 사랑의 열정을
불태우고 있다.

검붉은 빛은
한많은 눈물 맺힌 열기로
가신 임 기다리다 못해
불태우고 있다.

가을비에 젖어든 애수

노오란 잎새에
젖어든 가을비
숨 쉬는 가슴 멈추고
지친 영혼이
사랑의 미소를 머금고 있다.

붉은 입술에
맺힌 한 방울의 빗물
사랑의 넋이 젖어 있고
긴 애수의 혼이
빗물에 흐르고 있다.

땅거미 속에

어름치레 땅거미 타고 온다
하늘에 아쉬움을 숨 쉬는
붉은 너울이
못 이룬 사랑의 꿈을 안고
서서히 사라져 간다

검은 장막을 안은 어둠은
나비 바람 타고 다가온다
하늘에 못내 서러워하는
사랑의 전사를 남기고
하나 둘 어둠에 잠긴다.

한 송이 낙엽을 보며

따스한 봄기운 옷깃에 감고
싱그러운 잎새 움트려
그 기나긴 한밤을 지웠다

목 타는 용광로에
찬란한 초록빛을 태우고
꿈속의 사랑을 나누었다

코끝 에인 찬 서리에
네 영혼은 붉게 멍들고
한 잎의 낙엽이 가슴에 묻었다

우러러 쳐다본
지난날의 무지개 벚꽃 꿈
못다 한 사랑의 상처만
외로운 오솔길에 누워 있다.

지는 해는

하늘과 땅 사이에
검붉은 장막을 치는
지는 해

너는 영원히 사라지는가
자고 나면
여명의 시야 속에
나를 반겨준다.

그러나
차갑고 기나긴
겨울밤의 검은 움막은
내 영혼을 동사시키고 있다.

여명이 오기까지
아직도 기나긴 밤을
나는 헤매고 있다.

사랑의 꽃잎은 지고

새벽안개 자욱한
어느 산기슭에
사랑의 꽃이 피고 있다.

하늘 땅
모두의 찬미 속에
움트는 꽃잎 사이로
수정 같은 이슬이 잠겨 있다.

옷깃을 여미는 추위의
깊은 한숨 속에
사랑의 꽃잎이 흔들리고 있다.

못 이룬 사랑의 꿈……

사랑의 빛은 사라지고

우리의 아름다운 향기
늦가을 된서리에 녹아
그 찬란한
사랑의 화음은
자취도 없이 사라지고
이제 남은 건
시들어 간 검은 장미 잎 하나

따스한 봄바람 타고
우리들 가슴을 적셔주던
그 향기로운 사랑의 빛
이제 자취도 없이
눈앞에 사라져 간다.

■ 작품 해설

신화처럼 숭고한 사랑의 언어를

–김지열 시인의 시세계

김 정 웅(시인 · 문학평론가)

(1)

한 6년 전 전남대학교 김지열 핵의학 박사는 정년퇴임 문집과 함께 처녀시집을 내겠다고 원고 뭉치를 가져와서 서문을 청해 온 바 있다.

천편일률적으로 사랑 · 소망 · 서정 · 순결 · 사색 · 우주와 자연의 시편들은 과히 중견을 무색하리만치 세련되고 천착의 경지인 듯 〈별빛에 묻힌 사랑〉의 시집에 "자연과 우주와의 교감에서 사랑이 어린다"라는 서문을 써 준 바 있다

한국에 유수(희소)한 핵의학 박사로서 의술과 인술을 바탕으로 고뇌를 초월한 과학적인 핵의학 선구의 학자

요, 문학을 하고 시를 쓰는 시백의 길로 선견해 가는 현대판 시의 핵의학자다.

눈앞에 벌어지고 있는 급한 일들에 여념이 없는 현시점에서 물질문명의 절대적인 기세와 그 풍조에 사로 잡혀 인간 본연의 마음 자리를 가꾸는 일에서 미래를 헤매이는 것이 실상이다. 그럼에도 정서를 키우고 꿈을 피워 현대 의학방면에서 전공해 온 학자가 오히려 전래설화를 살려 시쪽으로 형상화 시킨 노래를 엮어 놓았다.

문사들이 망각하고 있는 마음 자리에 의학 터전을 넓혀 온 과학자의 심상을 통해 재생시켜 놓고 있다. 결국 의학도 사실은 인간의 뜨거운 꿈의 실천을 수놓아 보이는 역할을 하는 것이라는 방증임을 드러내어 시의 높은 경지를 이룬다.

이번에 내는 김지열 시인의 시집 〈천년의 한, 그리고 사랑〉에서도 사랑과 꽃과 정열을 소재로 사계절 자연을 음미하면서 산과 강과 꿈을 노래한다.

그럼 이 시집의 주제에서

천관산 기슭
탐진강에 목욕하던
하늘의 천사 사랑에 빠졌네
못 이룬 사랑

천년의 한을 품고
전라의 몸을 맞대고
말없이 오솔길에 앉아 있네

하늘 상제의 외동딸
어쩌다 속세와 인연 맺어
이루지 못할 사랑의 불길
그 한의 눈물
탐진강을 이루었나
천년의 한, 그리고 사랑
속세의 숨길 속에 온몸 불 태우고
그 사랑,
지금도 불타고 앉아 있다

—시 「천년의 한, 그리고 사랑」 전문

전남 장흥에는 하늘을 바라보는 천관산이 있고, 또한 그 밑에 탐진강이 유유히 흐르고 있다.

천상에 있는 상제의 외동딸(하늘의 선녀)이 탐진강이 너무나 탐스러워 잠시 목욕하러 내려와서 장엄히 솟아 있는 천관산 기슭에 속세와 인연 맺어 이루지 못할 사랑에 온몸을 불태워 천년의 한을 품고 말없이 오솔길에 앉아 있다는 옛날 동요적인 설화로 화자가 평소 동경하는 사랑(연인)을 대치법으로 형상화 한다.

다음 시 역시

해 질 무렵
탐진강 물에 천관산의 옥관이
소리 없이 띄우고 있다
마치 이곳이 천상인 양

붉은 해는
지난날의 타오른 열기 속에
천상의 여인과 사랑하다
지상으로 쫓겨나
탐진강 물속에 잠들고 있다.

—시 「탐진강 물속의 잔영」 전문

마치 "이곳이 천상(하늘나라)인 양/ 탐진강 물에 천관산의 옥관이/ 석양 노을에 소리 없이 띄우고/ 천상의 여인과 사랑하다/ 지난날 타오른 열기 속에/ 지상으로 쫓겨나/ 탐진강에 잠들다"는 천상에서 지상에 있는 탐진강으로 내려온 천사는 화자를 천관산으로 메타포 하여 타오르는 정열의 탐진강 물속에 잠기는 그 지고한 사랑이 만인의 흉금을 울리는 신묘한 비법을 나타낸다.

(2)

김지열 시인은 사랑노래의 대명사로서 시적 미학을 자연교감에서 읊어낸다.

봄바람을 사이사이 아지랑이를 탄다든가 수증기 같은 구름을 타고 가는 것을 새와 같은 두근거리는 가슴을 조이며 기다린다. 진달래꽃 사이를 살며시 스치며 아지랑이를 타고 가는 봄바람, 가시는 임 뒤돌아볼까? 마치 소월의 시 가시는 걸음걸음/ 진달래 놓은 그 꽃을/ 사뿐히 즈려 밟고 가시옵소서/ 그 길을 가시는 듯 다시 오시라는 주문과도 같이 정녕 가시지 않고 뒤가 켕겨 다시 와야만 되는 티 없이 하얀 마음 안고 기다린다. 오늘도 내일도 올 때까지 한없이 기다린다는 화자의 그 무한의 사랑을 고차원의 탐미법으로 승화시키는 것은 이 시인만이 내는 특이한 절찬의 메아리다.

> 아지랑이 사이를
> 타고 오는 봄바람
> 구름 물결 타고 가고 있네
> 행여 뒤돌아볼까
> 새 가슴 조이며 기다린다.

새하얀 진달래꽃 사이를
살며시 스치는 봄바람
아지랑이 타고 가고 있네
가시는 임, 뒤돌아볼까
하얀 마음 안고 기다리고 있다.
오늘도 내일도……

—시「바람 타고 가시는 그대」전문

7, 8층의 소라(바다고동) 껍질의 두께로서 밀물과 썰물에 따라 들리는 소라가 아득히 사라졌다 다시 귀를 스치는 저조한 합창소리/ 간만의 차에 소라의 소망이 떠오르고/ 아득한 해조음에 사랑의 찬미가 흐른다/ 때로는 심한 썰물에/ 소라의 소망은 하나 둘 스러지고/ 그리운 임의 미소가 소리 없이 잠들다 라는 화자의 보통 평범한 진리 속에 인간이 바라는 소망과 기대와 환영이 더욱 크게 형상화 한다.

밀려오는 밀물 따라
들리는 소라의 합창이
아득히 사라지는 듯……
내 귀를 스쳐간다

밀물과 썰물 사이에
소라의 소망이 떠오르고
아득한 사랑의 찬미가
숨죽이며 흐른다

썰물의 앙상한 모습에
소라의 소망이
하나 둘 스러져 가
그리운 임의 미소가
소리 없이 잠들고 있다
—시 「소라의 소망」 전문

늦가을이라면 초겨울 사이를 말할 수 있으며, 된서리란 무서리가 내릴 때 국화꽃 향기가 그윽하게 번지는 숨통 막히는 여름밤/ 지금 피고 있는 국화를 회상하며/ 염원하는 사랑으로 무더위를 식히다.

현재 피어 있는 꽃 잎새에 서리가 내려 시리도록 사랑의 아픔이 조금 있어 동지(冬至) 그 차가운 설원(雪原)에 순정은 멈추고 말 것이다.

이토록 현재 피고 있는 국화꽃을 과거 여름의 회상으로 의인화 하는 것은 참으로 자연을 절찬하는 시인만이 하는 그 특유의 묘법이 드러난다.

여기에 구르몽 시 「낙엽」이 화자의 시 운율과 비슷하다.

시몬, 나뭇잎새 떨어진 숲으로 가자/ 낙엽은 이끼와 돌과 오솔길을 덮고 있다/ 시몬, 너는 좋으냐? 낙엽 밟는 소리가/ 낙엽은 쓸쓸히 버림받고 땅위에 흩어져 있다.

꽃 잎새 사이로
짙은 향기의 안개가 오른다.

늦가을, 된서리에
꽃향기 녹아내리고 있다.

계절의 역류!
노란 국화 한 송이 곱게 피어나
숨통 막힌, 한여름밤
무더위에 사랑이 숨 쉰다.

여린 꽃 잎새에
흐르다 멈춘 이슬
순정인 양……
피어나는 사랑의 아픔
설한의 눈꽃에 멈추고 있다.

—시 「꽃 잎새에 숨겨진 사랑」 전문

하루〔日〕도 달〔月〕도 해〔年〕도 다 저물어 아무것도 보이지 않는 이 어두움! 그 어둠의 장막이 그물에 걸려 있어 마지막 허우적거리는 틈에 다시 새날이 떠오르는 햇살에 어둠은 사라진다.

이 기나긴 터널 같은 밤에 고뇌하고 앓고 있는 영혼에 누구인가 사랑의 손짓을 하면 그 길을 찾으려 떠나가 섞어질 때, 또한 누구인가 연거푸 미소 지으며 기나긴 사랑의 미로를 찾아 나서야 한다. 그 사랑의 심벌을 꼭 보아야 한다는 강한 의지를 표현하고 있다.

어둠의 장막이
그물에 묻혀 있다
아무것도 보이지 않는 이 어둠
떠오른 햇살에 녹아내린다

이 기나긴 밤에
고뇌와 아린 영혼에
누구인가 손짓하며
사랑의 길을 찾으려 간다

텅 빈 들판 이름 모를
풀 잎새에 맺힌 이슬이

이 한밤에 잉태할 때
누구인가 미소 지으며
기나긴 사랑이 미로를
찾아가려 한다

—「이 긴 밤을……」 전문

(3)

화자는 천상과 지상, 산과 강, 밀착과 공간, 어느 날, 어느 달, 어느 해, 십년, 백년, 천년, 만년을 자연과 더불어 사랑의 미로 속에 사랑의 영원을 추구하며 상상을 초월하여 만나려 한다.

시(詩)는 언어(言語)를 토대(土臺)로 하여 행해지는 언어예술(言語藝術)이다.

이렇듯 인류의 건강과 공영에 이바지하는 핵의학자로서 의학계의 획기적인 연구와 발전을 가져오면서 문학과 더불어 일생을 살아온 화자(김지열)는 중·고등학교 때부터 글 짓기에는 늘 수를 맞아 왔다고 한다.

그토록 의학 연구와 함께 시 창작은 계속 진행해 왔으며 전남대학교 핵의학 교수로서 정년 퇴임하면서 만시지탄이나 그 왕성한 시 정신으로써 등단하였고 〈별빛에 묻힌 사랑〉이란 처녀시집을 상재하게 되었다.

화자는 의학과 시와 사랑으로 일생을 살아가면서 사랑·순결·유정·꽃·해·달·별과 자연을 음미하고 도취된다. 특히 사랑의 선율을 승화시키는 지금까지 아무도 하지 못한 사랑의 제왕(帝王)에 이른다.

이 사랑의 신비 속에 미쳐 버린 「신화처럼 숭고한 사랑의 언어를」 해설하면서 앞으로 더욱 詩文에 정진 있기를 빌어 마지않는다.

2008년 3월

牟陽城下 直齋山房에서!

저자와의
협약으로
인지생략

김지열 제2시집
천년의 한, 그리고 사랑

초판 인쇄 2008 년 4월 10일
초판 발행 2008 년 4월 15일

지은이 | 김 지 열
펴낸이 | 윤 해 규
펴낸곳 | **을지출판공사**

등록번호 | 제 2-741 호
등록일자 | 1985 년 2월 14일
주 소 | 서울시 마포구 서교동 394-81 홍익B/D 3층
우편번호 | 121-840
전 화 | 02) 334-4050
팩시밀리 | 02) 334-4010
E-mail : euljipub4010@hanmail.net

값 7,000원

ISBN 978-89-7566-087-0 03810